Nina Manukyan

PowerPoint

Knigge

Der Ratgeber fürs Denken im Querformat.

Alles ist einfach.

Inhalt

Abbildungsverzeichnis

Vorwort

mit MS-PowerPoint können Gedanken in eine Form gebracht werden, die sich erheblich leichter mit anderen teilen lässt, als

- ein ausschließlich mündlicher Vortrag oder

- handschriftlich aufgezeichnete Notizen.

MS-PowerPoint unterstützt damit die Übermittlung von Botschaften vom Sender an den Empfänger - ein Prozess, auf dem ohne Unterstützung bekanntlich gern Teile des Inhalts verloren gehen oder ganz anders wahrgenommen werden als vom Sender beabsichtigt.

Mit der Aufarbeitung in MS-PowerPoint öffnen sich Ideen für eine Bewertung durch andere, wodurch sich oft erst der Nutzen konstruktiver Kritik für ihre Weiterentwicklung erschließen lässt.

Mit den nachfolgenden einfachen Kniffen wird Ihr MS-PowerPoint noch wirksamer.

Viel Spaß beim „Denken im Querformat"!

Nina Manukyan

1 Knigge für die einzelne Folie

Nachfolgend steht der Begriff „Folie" für eine Seite in einer MS-PowerPoint Präsentation. Er stammt noch aus der Zeit, als Beamer Luxus waren und die Seiten einer MS-PowerPoint-Präsentation (farbig) auf transparenten Folien gedruckt und mittels Overheadprojektor gezeigt wurden.

Die Tastenkombination Steuerung + Shift + D (gleichzeitig gedrückt) dupliziert die aktuell sichtbare Folie im MS-PowerPoint.

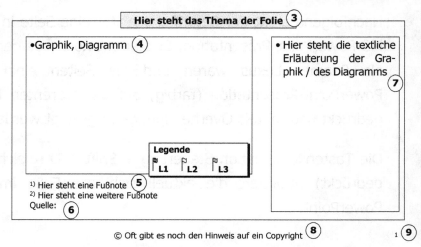

Abbildung 1: Muster einer Masterfolie für aufbereitete Daten

1.1 Aufbau einer einzelnen Folie

Die Schlüsselfolien einer Präsentation enthalten auf-bereitete, erläuterte Daten.

Eine Folie sollte folgende Bestandteile enthalten:

1) Referenz zur Gliederung,

2) Überschrift / Headline,

3) Thema,

4) Graphisch aufbereitete Daten,

5) Fußnoten zu den Daten,

6) Eine Quellenangabe für die Daten,

7) Textliche Erläuterungen zur Graphik,

8) Hinweise auf ein Copyright,

9) Seitenzahlen.

1.1.1 Jede Folie hat eine Überschrift

Die Überschrift bzw. Headline fasst die Kernaussage einer Folie in einem Satz zusammen. Ein solcher Satz

- gibt den Zuhörern die Chance, den Kerngedanken mitzunehmen, auch wenn die Details der Aufbereitung (noch) nicht verstanden wurden, beispielsweise weil die Folien zum ersten Mal präsentiert werden,

- bietet Zuhörern, die den Faden verloren haben, Gelegenheit den Wiedereinstieg in den Vortrag zu finden,

- ermöglicht Zuhörern, die weit entfernt sitzen, dem Vortrag zu folgen, auch wenn Details der Folien nicht mehr erkennbar sind.

Diesen treffenden Kernsatz zu finden, ist manchmal schwierig. Wenn partout keine Überschrift gefunden werden kann, liegt der Verdacht nahe, dass das Chart auch tatsächlich keine Aussage hat und einer Überarbeitung bedarf.

Um die Verständlichkeit zu fördern und für den Eindruck von Sorgfalt sollte der Kernsatz immer ausformuliert sein.

Die Schriftgröße sollte bei 16 Punkten liegen. Mehr als zwei Zeilen sollten nicht überschritten werden.

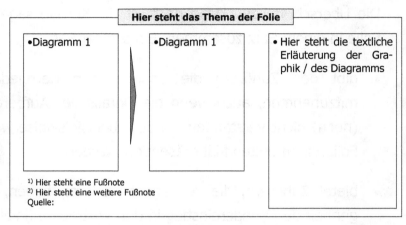

1.1. Hier steht die Überschrift aus dem Inhaltsverzeichnis

Dieser Satz fasst die Kernaussage der Seite zusammen.

Abbildung 2: Chart mit graphisch verdeutlichter Leserichtung

1.1.2 Führung durch Pfeile

Ein Chart kann eine Leserichtung aufweisen, d.h. dass die Einhaltung einer bestimmten Reihenfolge bei der Betrachtung hilfreich ist, um den Inhalt zu erschließen.

In diesem Fall sollte die Leserichtung graphisch durch Pfeile angedeutet werden.

1.1.3 Lange Textaufzählungen vermeiden

Die einfachste Folie ist eine Aneinanderreihung von Stichpunkten.

Sie ist gleichzeitig die am schwersten zu verstehende (und vorzutragende) Folienform:

- Die Übersichtlichkeit geht bereits ab 4 Stichpunkten auf gleicher Gliederungsebene verloren, bei 7 Punkten kommt sie oft gänzlich abhanden.

- Der Betrachter erhält keine graphische Unterstützung bei der Aufnahme der Information.

Reine Aufzählungen sollten daher zumindest durch Einrückungen, d.h. die graphische Unterscheidung von Ober- und Unterpunkten, strukturiert werden.

Oft ergibt sich aus dieser auch stark konzeptionellen Arbeit noch eine deutliche Weiterentwicklung in Bezug auf Anzahl, Reihenfolge und/oder Formulierung der Stichpunkte.

16

1.1.4 Verzicht auf aussagenlose Ornamentik

Zeit in die graphische Aufbereitung von Informationen zu investieren gehört zu den Projektarbeiten mit der höchsten Wertschöpfung:

- Im Prozess der Aufbereitung ergeben sich bereits für den Einzelnen neue Erkenntnisse oder zusätzlich zu klärende Fragen.

- Der konstruktive Austausch mit Kollegen, Vorgesetzten bzw. Kunden bei der Erstellung des Präsentationsentwurfs entscheidet oft über Erfolg oder Misserfolg eines Vorhabens.

- Schließlich profitiert jedes Vorhaben von einer überzeugenden Präsentation der erreichten Ergebnisse.

Von dieser zielführenden optischen Aufbereitung zu unterscheiden sind graphische Elemente, die nicht zur Vermittlung von Bedeutung beitragen.

Diese sollten wegen ihrer Eigenschaft, die Aufmerksamkeit abzulenken, vermieden werden.

1.1.5 Diagramme aus MS-Excel

Oft werden Diagramme im MS-Excel vorbereitet. Die anschließende Übernahme ins MS-PowerPoint erfolgt durch:

- Kopieren des ganzen Diagramms im MS-Excel mit der Tastenkombination Steuerung + C sowie

- im MS-PowerPoint über Inhalte einfügen => Bild (erweiterte Metadatei) – also nicht Steuerung + V.

Damit ist das eingefügte Bild nicht mehr im MS-PowerPoint bearbeitbar. Eine eventuelle Bearbeitung findet aus Effizienzgründen stets in der ursprünglichen Anwendung statt.

- Daten und Layout des eingefügten Bildes bleiben unverändert. Gleichzeitig wird die maximale Bildschärfe erhalten.

- Die Ausgangsdatei wird von MS-PowerPoint nicht mehr benötigt - verknüpfte Dateien tendieren hingegen dazu, auf anderen Rechnern nicht mehr gefunden zu werden.

- Aktualisierungen finden nur „per Hand" und damit willentlich bzw. autorisiert statt.

Veränderungen der Größe des eingefügten Bildes erfolgen nur „proportional", um die Schrift nicht zu verzerren.

1.1.5.1 Vollständigkeit

Im MS-PowerPoint benötigt ein Diagramm

- einen Titel,

- Einheiten an den Wertachsen,

- Angaben der Werte in lesbarer Schriftgröße, z.B. die Gesamtsumme bei Balken sowie wesentliche Teilsummen,

- eine Legende.

Empfehlenswert ist, Diagrammtitel und die Einheiten der Achsen nicht im MS-Excel, sondern im MS-PowerPoint zu erzeugen:

- So kann leichter eine einheitliche Schriftgröße für den Diagrammtitel gewährleistet werden.

- Freiheitsgrade in Bezug auf Platzierung und Größe können im MS-PowerPoint besser genutzt werden, ohne das Bild zu „verzerren".

Entwicklung von Umsatz und Ergebnis 2008 bis 2015

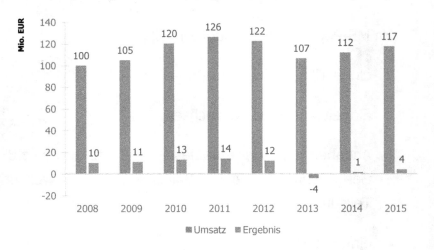

Abbildung 3: Standarddiagramm aus MS-Excel

1.1.5.2 Optik

Ein ordentliches Diagramm zeichnet sich aus durch

- lesbare Schriftgrößen in allen Teilen,

- die Abwesenheit abgeschnittener Texte oder wüster Abkürzungen,

- die Wahl einer sinnvollen Einheit (z.B. TEUR, Mio. EUR, Tsd. Tonnen), so dass möglichst wenige Nullen oder bedeutungslose Nachkommastellen angezeigt werden,

- durch Achsen ohne Nachkommastellen in der Beschriftung,

- die Verwendung der gleichen Schriftart im MS-Excel wie im MS-PowerPoint.

In der Regel sind keine „Gitternetzlinien" im Diagramm erforderlich.

Entwicklung von Umsatz und Ergebnis 2008 bis 2015

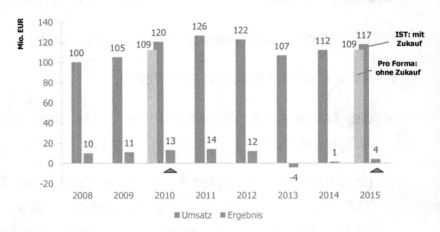

Abbildung 4: Im MS-PowerPoint weiter individualisiertes Diagramm

1.1.5.3 Individualisierte Diagramme

Aus MS-Excel als „Bild (erweitere Metadatei)" importierte Graphiken – siehe dazu Kapitel 1.1.5 Diagramme aus MS-Excel – lassen sich durch den Befehl „Gruppierung aufheben" in ihre einzelnen Bestandteile (Linien und Rechtecke) zerlegen.[1]

Anschließend können – bei Bedarf – Formatierungen vorgenommen werden, die im MS-Excel so nicht möglich sind, z.B.

- Schattierungen,

- Einzelne hintereinander gestaffelte Säulen,

- Ergänzte Beschriftungen,

- …

---

[1] Den dabei auftretenden Warnhinweis „Dies ist eine importierte Graphik, keine Gruppe. Soll es zu einem Microsoft Office-Zeichnungsobjekt umgewandelt werden?" bestätigen.

1.1.6 Der Textteil

Ohne Text ist eine Folie oft nicht selbsterklärend und damit im Grunde unvollständig.

Einige – auch namhafte – Berater verzichten auch im schriftlichen Abschlussbericht gern völlig auf Erläuterungen, so dass das Chart „allein vom Vortrag lebt" – diese Technik spart dem Berater Arbeitszeit, verringert sein Haftungsrisiko und erhöht die Abhängigkeit des Kunden.

Wenn Sie sich für textliche Erläuterungen entscheiden, empfiehlt sich folgendes:

- Formulierungen erfolgen im ganzen Satz,

- Lesbare Schriftgröße (6 Punkte – etwa in Fußnoten – sind auch für den Vortragenden neben dem Projektor kaum noch zu lesen und im Ausdruck auf A4 schon sehr anstrengend),

- Der Zeilenabstand sollte nicht unter 1,0 liegen – ideal ist ein Maß von 1,15 bis 1,2 Zeilen,

- Der Abstand zwischen Aufzählungspunkten („vor einem Absatz") sollte zwischen 0,4 und 0,6 Zeilen liegen,

- Anwendung der manuellen Silbentrennung (mittels Minuszeichen) zur Vermeidung extremer Umbrüche.

1.1.7 Quellenangaben

Die Kenntnis der Herkunftsquelle von Daten ermöglicht oft erst ihre Interpretation – Plan oder IST, vorläufig oder geprüft, von wem bereitgestellt, von wem geprüft, welcher Zeitbezug, welche „Ergänzungen / Modifikationen" wurden ggf. vorgenommen…

Daher ist die Angabe der Quelle unumgänglich.

1.1.8 Fußnoten

Selten wird man den datenhaltenden Systemen Informationen ohne Modifizierungen entnehmen können.

Insofern deutet die Existenz von Fußnoten auf eine in die Tiefe gehende Datenanalyse und einen transparenten Darstellungsstil.

1.2 Liebe zum Detail

Die menschlichen Wahrnehmungsmuster sorgen dafür, dass von formalen Schönheitsfehlern auf eine niedrige Qualität des Inhalts geschlossen wird.

Und umgekehrt.

Eine überzeugende Präsentation sollte daher formale Fehler vermeiden.

1.2.1 Abstände und Ausrichtung

Abstände sollten mit den in MS-PowerPoint integrierten Funktionen „vertikal verteilen" bzw. „horizontal verteilen" angeglichen werden.

Darüber hinaus stehen in MS-PowerPoint die Funktionen „Objekte oben ausrichten" (und analog unten, rechts, links) und Objekte horizontal und vertikal zentrieren zur Verfügung.

Besonders effektiv wirken diese Befehle, wenn Formen, die logisch gleich groß sein sollten, tatsächlich auch die gleichen Abmessungen haben.

Beim Ausrichten hilft oft das Gedrückt halten der „Alt-Taste", um eine feinere Positionierung zu ermöglichen.

Darüber hinaus empfiehlt es sich, die Option „Objekte am Raster ausrichten" auszuschalten.

1.2.2 Einheitliche Schrift

Innerhalb einer Präsentation sollte nur eine Schriftart verwendet werden.

Innerhalb einer Folie sorgen verschiedene Schriftgrößen für ein „unruhiges" Bild auf der Seite – die Aufnahme der Inhalte fällt dadurch schwerer.

Bezogen auf die gesamte Präsentation kann in Ausnahmefällen vertreten werden, im Interesse der optimalen Platznutzung auch verschiedene Schriftgrößen zu verwenden.

1.2.3 Sonderautoformen

Durch die Funktion „Punkte bearbeiten" lassen sich die Standard-Autoformen im MS-PowerPoint zu beliebigen Polygonen umarbeiten.

Auf diese Weise sind besonders sichtbare Heraushebungen bestimmter Inhalte möglich.

1.2.4 Farbwahl

Empfehlenswert sind Pastellfarben, da diese auch im Schwarz-Weiß-Ausdruck (oder kopiert) eventuell in den Autoformen enthaltene Schrift noch gut erkennen lassen.

Zu helle Farben (z.B. hellgrau) können am Beamer oder auch im Ausdruck „verschwinden" und sollten daher vermieden werden.

Sofern kein Corporate design vorgegeben ist, sollte lediglich ein die Aufmerksamkeit ablenkender, zu bunter Auftritt („kanarienvogelfarben") vermieden werden.

Die Farbtöne grün und rot stehen bei vielen Betrachtern als Signalfarben für „gut" und „schlecht". Sie sollten daher in einem neutralen Kontext nicht verwendet werden.

Grelles rot (ggf. mit weißer Schrift) kann zur besonderen Hervorhebung genutzt werden.

1.2.5 Rahmen

Der Rahmen der Autoformen im MS-PowerPoint – insbesondere von Rechtecken oder Datenbeschriftungen – kann genutzt werden, um bestimmte Inhalte zu vermitteln.

Beispielsweise lässt sich die Rahmenstärke erhöhen, um Größe anzudeuten.

Eine differenzierte Wahl der Rahmenfarbe kann die Zugehörigkeit zu bestimmten Gruppen markieren.

1.3 Wichtiges fett hervorheben

Die **Schlüsselbegriffe** in textlichen Erläuterungen sollten **fett hervorgehoben** werden.

Idealerweise erfolgt dies **im Anschluss** an die **Formulierung einer Folie**. Dadurch wird nebenbei **sichergestellt**, dass der verfasste Text mindestens **1 x** aufmerksam **korrekturgelesen** wurde.

Der Einsatz der Hervorhebungen sollte **sparsam** erfolgen.

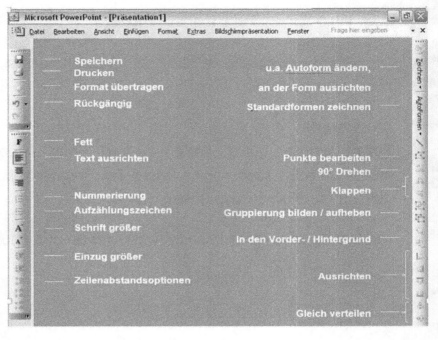

Abbildung 5: Wesentliche MS-PowerPoint-Befehle (bis Version 2003)

1.4 Der nützliche Teil der Symbolleiste

Im MS-PowerPoint bis Version 2003 ließen sich die Symbol-leisten frei definieren und ebenso frei am Bildschirm positionieren. Dies erlaubte eine optimale Bildschirmnutzung.

Ab MS-PowerPoint 2007 wurde vom Bildschirmausschnitt (in der Regel ja Querformat) der obere Teil für ein großzügig dimensioniertes Menüband reserviert. Dadurch nimmt die im Querformat bekanntlich ohnehin eher knappe Höhe weiter ab. Darüber hinaus ist das Menüband nur noch über die (räumlich begrenzte) Schnellzugriffleiste frei definierbar.

Unabhängig davon sind wesentlichen Befehle unverändert geblieben. Sie befinden sich nunmehr an verschiedenen Stellen zwischen Befehlen, die nicht ganz so häufig benötigt werden.

1.5 Chartbibliothek

Legen Sie sich eine MS-PowerPoint Datei als „Chartbibliothek" an.

Mit der Zeit werden Sie für häufiger benötigte Anwendungen immer ein schon weitgehend passendes Muster zur Hand haben.

2 Tipps für die gesamte Präsentation

2.1 Grundsätzliche Bestandteile

Neben den inhaltstragenden Folien benötigt eine Präsentation in der Regel:

- eine Titelfolie als Deckblatt, oft mit Thema, Ort, Datum und Sprecher bzw. Team,

- ein Inhaltsverzeichnis bzw. eine Agenda,

- ein Abkürzungsverzeichnis,

- eine Zusammenfassung (siehe auch 2.4 Summary),

- Zwischenblätter für die Hauptkapitel bei umfangreicheren Werken,

- ein Kapitel „Weiteres Vorgehen" (siehe auch 2.5 Weiteres Vorgehen),

- einer Folie zum Abschluss mit Dank und ggf. Visitenkarten.

1.1. Hier steht die Überschrift aus dem Inhaltsverzeichnis

Die Hauptfolie verweist graphisch auf ein nummeriertes Backup.

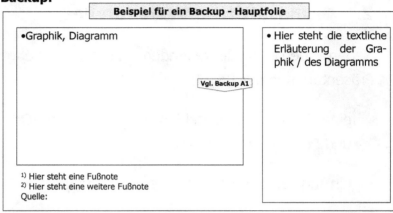

1.1. Hier steht die Überschrift aus dem Inhaltsverzeichnis

Die Backup-Folie vermittelt Hintergrund. Sie kann bei Bedarf weggelassen werden.

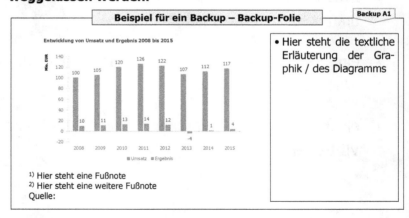

Abbildung 6: Haupt- und Backupfolie

52

2.2 Backups

Backupfolien können eingesetzt werden, um komplexe Sachverhalte zu erläutern ohne einzelne Folien mit Informationen zu „überladen".

Dabei folgt eine MS-PowerPoint Präsentation zweck-mäßigerweise einem „pyramidalen" Aufbau:

- An der Spitze steht die Zusammenfassung (siehe auch 2.4 Summary). Es ist für sich allein so verständlich, dass die wichtigsten Informationen bereits aus diesem Teil der Präsentation entnommen werden können, ohne den Hauptteil zu lesen.

- Die Folien des Hauptteils sind im Grunde „Backups" der Zusammenfassung. Oft sind die Folien des Hauptteils so strukturiert, dass eine zusammenfassende Folie (z.B. ein Maßnahmenplan im Überblick) nachfolgend näher erläutert wird (einzelne Maßnahmen).

- Einzelne Folien des Hauptteils können bei Bedarf wiederum mit Backups versehen werden (vgl. Abbildung 6). Auch hier ist die Hauptfolie grundsätzlich auch ohne Backup verständlich.

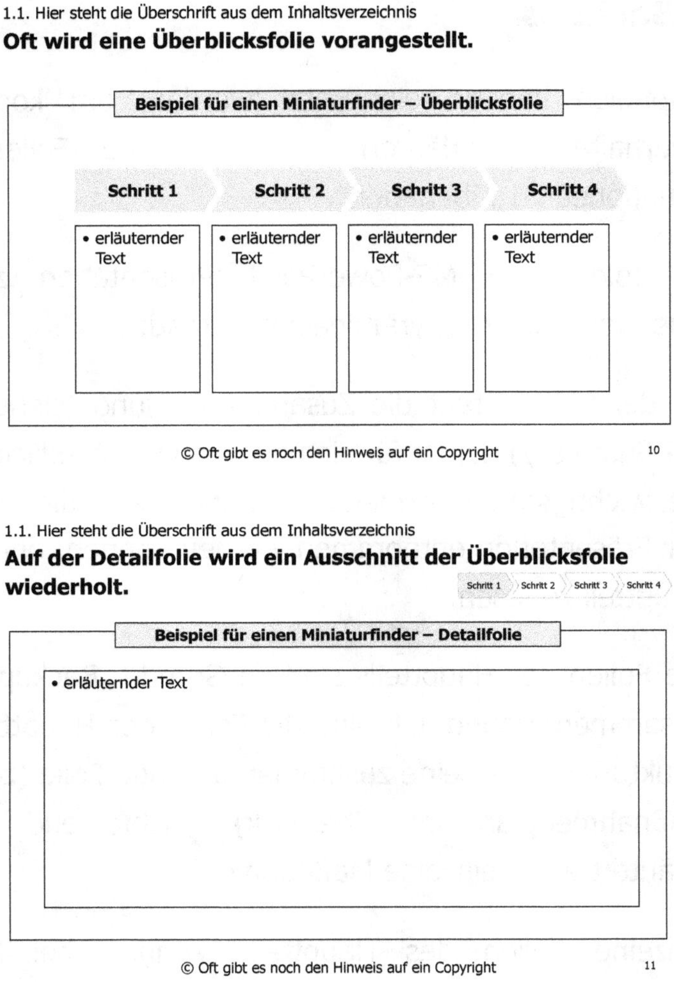
1.1. Hier steht die Überschrift aus dem Inhaltsverzeichnis
Oft wird eine Überblicksfolie vorangestellt.
Beispiel für einen Miniaturfinder – Überblicksfolie
Schritt 1
Schritt 2
Schritt 3
Schritt 4
• erläuternder Text
• erläuternder Text
• erläuternder Text
• erläuternder Text
© Oft gibt es noch den Hinweis auf ein Copyright
10
1.1. Hier steht die Überschrift aus dem Inhaltsverzeichnis
Auf der Detailfolie wird ein Ausschnitt der Überblicksfolie wiederholt.
Schritt 1
Schritt 2
Schritt 3
Schritt 4
Beispiel für einen Miniaturfinder – Detailfolie
• erläuternder Text
© Oft gibt es noch den Hinweis auf ein Copyright
11

Abbildung 7: Prinzip des Miniaturfinders

2.3 Miniaturfinder

Stark verkleinerte Abbildungen der Überblicksfolien, die auf den nachfolgenden Erläuterungsfolien wiederholt werden, erleichtern die Orientierung.

Dabei wird der aktuell erläuterte Ausschnitt der Überblicksfolie jeweils hervorgehoben.

2.4 Summary

Das Schreiben einer Zusammenfassung ist hohe Kunst. Sie lässt sich oft erst entfalten, wenn der Inhalt weitgehend erarbeitet ist.

Gutes MS-PowerPoint arbeitet hier stets mit eigens formulierten und durchdachten Texten, die – je nach Umfang des gewünschten Aufwandes – durch sprechende Abbildungen aus dem Hauptteil ergänzt werden können.

Das Zusammenkopieren der Headlines einzelner Charts ist für das i.d.R. angestrebte Qualitätsniveau (in Eile befindliche Entscheider sollen überzeugt werden) – nicht ausreichend.

Bewährt hat sich ein Umfang von 5 bis 10% des Hauptteils (gemessen an der Anzahl der Folien), z.B. 3 bis 5 Seiten bei einer 40seitigen Präsentation.

2.5 Weiteres Vorgehen

Auf einen präsentierten Stand folgen immer nächste Schritte.

Oft dient die Präsentation gerade dem Zweck, Entscheidungen herbeizuführen oder das weitere Vorgehen zu beeinflussen.

Eine Präsentation ohne ein vorbereitetes letztes Kapitel „Weiteres Vorgehen / nächste Schritte" wäre daher ein grober Fehler.

3 Empfehlungen für den Vortrag

3.1 Teilnehmerkreis kennen

Bringen Sie den Teilnehmerkreis Ihrer Präsentation rechtzeitig in Erfahrung.

- Wer wird an der Präsentation selbst teilnehmen?

- An wen werden eventuelle Handouts im Anschluss weitergereicht?

Beispielsweise kann ein Interessengegensatz zwischen der Kapitalseite und Arbeitnehmervertretern bei einer Präsentation im Aufsichtsrat bestehen.

Eine Präsentation vor einem Stadtrat könnte sich auf verschiedenste Bildungswege der Zuhörer sowie auf Parteiinteressen einstellen.

Idealerweise kann die Präsentation mit ausgewählten Empfängern (mündlich) vorbesprochen / getestet werden.

3.2 Begrenzung des Umfangs

Begrenzen Sie den Umfang der vorgestellten Folien auf etwa 15 bis 20 Seiten, die tatsächlich durch den Vortragenden präsentiert werden.

Ideal ist eine Präsentationsdauer von 30 bis 45 Minuten sowie ein anschließendes Zeitfenster für (erste) Diskussionen.

3.3 Frei sprechen

Wenn Sie in die Erarbeitung der Folien involviert waren, stecken Sie so tief in der Materie, dass Sie in jedem Fall frei sprechen können.

Vom Chart ablesen überzeugt nicht. Sollte ein Textchart vorgetragen werden müssen, empfiehlt sich ein vertieftes Eingehen auf ausgewählte Punkte.

Falls ein Summary größere Textpassagen enthält sollte für den Vortrag die Erstellung einer separaten MS-PowerPoint Präsentation aus den Highlight-Folien des Hauptteils in Betracht gezogen werden.

3.2 Höflichkeiten

Wenn Sie in ... Entscheidung ... Involviert wären, ... sagten sie ... tiefer ... den ... für jeden Fall treffen ... sten Hörme... .

vollständige ... ... ein Textchart ... vorgesagten ... ... erstellt sich ein verbale ... Eingehalt ... aus dem Buch ...

Falls ein Summary an eine Textchart ... würde sollte ... den Vortrag der Leser und einen esoterisch höchstnwenkink ... Präsentation vor den Highlights über ... es Hardline in ... bei ... b ausgegeben werden.

66

3.4 Handouts

Handouts sollten im Vorfeld einer Präsentation nur verteilt werden, wenn das unvermeidlich ist. In diesem Fall ist eine besondere Sorgfalt im vorherigen Abstimmungsprozess mit wichtigen „Stakeholdern" bzw. Entscheidern empfehlenswert.

Bei Ausreichung des Handouts im Anschluss an den Vortrag können bereits erste Überarbeitungen vorgenommen werden, so dass eine weiterentwickelte Version in die Diskussion geht.

3.5 Vorbereitung auf das Vortragen

Es heißt „Genie ist Fleiß".

Empfehlenswert ist die detaillierte Vorbereitung der ersten Sätze sowie der Schlusssätze.

Zu jeder vorgetragenen Folie sollten darüber hinaus

- die Reihenfolge der mündlichen Darstellung überlegt und

- Kernaussagen vorbereitet werden. Dabei können einzelne rhetorische Kunstgriffe bereits vorgedacht werden.

3.6 Vorbereitung der Technik

Es empfiehlt sich, bereits 15 Minuten vor Beginn des Vortrags „vor Ort" zu sein.

So kann die Technik zuverlässig in Gang gesetzt werden.

Oft lassen sich in dieser Zeit auch anregende Gespräche mit bereits anwesenden Zuhörern führen.

3.7 Eröffnung

Idealerweise beginnt der Vortrag mit bereits geöffneter Datei der Präsentation, aber noch ohne Bild (Bildschirmpräsentation starten, Komma drücken bei deutscher Tastatur, B auf englischer Tastatur).

Datei liegt an einem „neutralen Ort", so dass andere Dateien oder Ordner nicht sichtbar sind, falls der Beamer diesen Ort zeigt.

Begrüßen Sie Ihr Publikum, nennen Sie das Thema, geben Sie ggf. einen zeitlichen Fahrplan für den Vortrag.

Als Einstieg eignen sich ein persönlicher Bezug oder eine (ggf. auch ein wenig gewagte) These.

3.8 Eigentlicher Vortrag

Am leichtesten fällt der Vortrag dem, der gut im Thema steckt und tatsächlich etwas mitzuteilen hat. Oft stellt sich so ein authentischer Eindruck ganz natürlich ein.

Die Kür ist sicher folgende Situation: Die Folien hat ein anderer erarbeitet... sie sind schlecht... der andere ist weg... man bekommt die Folien 5 Minuten vor dem Start... das Publikum ist bereits kritisch aufgelegt... Meistens wird Ihre Ausgangssituation viel besser sein.

Stellen Sie sich einen aufgespannten Regenschirm vor: Sie sind das Zentrum. Jeder Zuhörer ist eine gespannte Speiche, die ihre Kraft an Sie gibt. Schauen Sie die Zuhörer an. Spüren Sie, wie die Kraft auf Sie übergeht. Mit dieser Energie tragen Sie vor!

3.9 Schlussteil der Präsentation

Hier haben sich bewährt:

- ein nochmaliger Bezug auf die Ziele

- der Ausspruch von Dank.

Vergessen Sie nicht, auch tatsächlich die nächsten Schritte anzusprechen. Das versehentliche Weglassen geschieht häufig im Zusammenhang mit einem unabsichtlichen Überschreiten der vorgesehenen Vortragszeit.

Nachwort

Sie verfügen nun über Methoden, ihr MS-PowerPoint noch überzeugender zu gestalten.

Haben Sie schon ein Projekt im Auge?

Ich wünsche Ihnen viel Erfolg bei der praktischen Anwendung der „PowerPoint Knigge".

In dieser Reihe sind erschienen

Excel Knigge – Der zeitlose Ratgeber für gutes MS-Excel

Powerpoint Knigge - Der Ratgeber fürs Denken im Querformat

www.ingramcontent.com/pod-product-compliance
Lightning Source LLC
Chambersburg PA
CBHW071010050326
40689CB00014B/3565